»Auf Wiedersehen – bis nächsten Frühling!«
So verabschiedet sich Herr Bär von den Girlitzen.
Sie fliegen in ein warmes Land.

Heyjin Go (Text und Bilder): Schneeglück verschenken
Deutsche Textfassung: Eva Roth und Hans ten Doornkaat
Maltechnik: Buntstift und digitale Collage

Atlantis, ein Imprint von Orell Füssli Verlag, www.atlantis-verlag.ch
© 2020 Orell Füssli AG, Zürich
Die Originalausgabe *Gift Box of Bear* wurde von Kookmin Books publiziert.
Copyright © Heyjin Go
Vermittlung: THE Agency, Seoul

Typografie: Manuel Süess, Zürich
Druck: Grafisches Centrum Cuno, Calbe (Deutschland)
ISBN 978-3-7152-0795-7 / 3. Auflage 2020

Heyjin Go

Schneeglück verschenken

atlantis

Tag und Nacht fällt der Schnee,
und als sich schließlich die Wintersonne zeigt, kommen viele aus ihren Höhlen.

»Aufhören! – Ich kann nicht schlafen bei diesem Krach!«
Rufen und Lachen haben Herrn Bär aus dem Winterschlaf gerissen.

Verärgert stapft er hinaus.

»Oooh!«, staunt Herr Bär.
»Was für ein Wunder!«

So hat er den Wald noch nie gesehen.

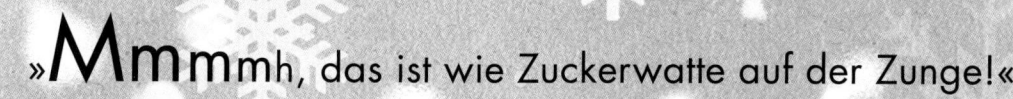

»Mmmmh, das ist wie Zuckerwatte auf der Zunge!«

Herr Bär ist überglücklich.

Aufgeregt springt er umher und staunt über seine eigenen Spuren.

Leicht wie eine Flocke tanzt er auf dem weichen Waldboden.

»Herr Bär, was ist mit dir?«, fragt die Maus.
»Schau doch, Maus, was mit dem Wald passiert ist!
Ich wünsche mir, die Girlitze könnten das sehen.«
»Das ist Schnee, Herr Bär«, erklärt die Maus.
»So weich und so kühl«, sagt Herr Bär. »Ich bin sicher,
der Schnee würde den Girlitzen gefallen.«

»Wollen wir den Girlitzen Schnee schicken?«, fragt die Maus.

»Ich kann dir helfen, Kugeln zu rollen für deine Freunde.«

 Doch schon nach einer Kugel friert die Maus an den Pfoten und verabschiedet sich.

»Danke!«, sagt Herr Bär.

»Baust du einen Schneemann?«, fragt der Hase.

»Ich wollte Schneekugeln für die Girlitze machen«, sagt Herr Bär.

Der Hase schaut nur. Dann sagt er: »Das ist eine schöne Karotte.«

»Hast du Hunger?«, fragt Herr Bär.

»Nein«, sagt der Hase und lacht. »Dein Schneemann braucht eine Nase!

Und mit einem Handschuh würde er weniger frieren. Ich gebe ihm einen von mir.«

»Danke!«, sagt Herr Bär, und der Hase hoppelt weiter.

»Guten Tag, Herr Bär«, grüßt der Fuchs. »Was ist mit diesem Schneemann?«
»Ich habe ihn für die Girlitze gemacht«, sagt Herr Bär stolz. »Gefällt er dir?«
»Hm…«, brummt der Fuchs.
»Mit einem Hut sähe er noch schöner aus. Ich schenke ihm meinen.«
»Danke, Fuchs!«, sagt Herr Bär.
 Der Fuchs geht schnell nach Hause, er hat kalte Ohren.

»Wohin gehst du, Herr Bär?«, fragt das Schwein.

»Zur Post«, sagt Herr Bär.

»Mit diesem Schneemann?«

»Ja, ich möchte ihn den Girlitzen schicken.«

»Ein Schneemann ohne Schal? Ich gebe ihm meinen. Der passt gut zu ihm.«
 Herr Bär bedankt sich beim Schwein und geht weiter.

Herr Bär ist glücklich.
»Danke, meine Freunde«,
 ruft er in die weiße Landschaft hinaus.
»Danke euch allen!«

Zu Hause kriecht Herr Bär unter die Decke.

Beim Einschlafen denkt er an sein Geschenk, das jetzt auf dem Weg in ein wärmeres Land ist.

Und er stellt sich vor, wie die Girlitze sich über den Schneemann freuen.

Das Geschenk von Herrn Bär hat eine lange Reise gemacht.

»Ein Paket!«, zwitschert ein Girlitz.
»Für uns!«, zwitschert der andere.
»Von wem?«
»Von Herrn Bär!«
Gespannt öffnen sie das Paket.

»Was ist das?«, rätseln die Girlitze.

»Will Herr Bär uns winken?«, fragt der eine.

»Was ist unter dem Tuch?«, fragt der andere.

»Vielleicht will Herr Bär uns ein Badetuch schenken.
 Er weiß bestimmt, wie heiß es hier ist.«

»Und dass wir uns einen Badeteich wünschen.«

»Aber was soll der Hut?«

»JETZT weiß ich, was Herr Bär uns geschickt hat!«

Die Girlitze richten sich auf ihrem neuen Boot ein.
So gemütlich hatten sie es hier noch nie.

»Danke, Herr Bär!«, zwitschern sie in die grüne Landschaft hinaus.